グレタと
立ち上がろう

グレタと立ち上がろう
気候変動の世界を救うための18章

2020年2月28日　第1刷発行

著	ヴァレンティナ・ジャンネッラ
イラスト	マヌエラ・マラッツィ
翻訳	川野太郎
発行者	岩崎弘明
発行所	株式会社 岩崎書店
	〒112-0005東京都文京区水道1-9-2
	電話　03-3812-9131（営業）　03-3813-5526（編集）
	00170-5-96822（振替）
印刷・製本	大日本印刷株式会社
装丁	山田 武
編集	吉岡雅子

NDC336　ISBN978-4-265-86048-7　19×16cm
Japanese text © Taro Kawano, 2020
Published by IWASAKI Publishing Co., Ltd.
Printed in Japan

岩崎書店HP：http://www.iwasakishoten.co.jp
ご意見、ご感想をお寄せ下さい。
E-mail: info@iwasakishoten.co.jp
落丁本・乱丁本は、おとりかえいたします。

ミックス
責任ある木質資源を
使用した紙
FSC® C006469

Il mio nome è Greta

© Centauria srl 2019
Text © Valentina Giannella
Illustrations © Manuela Marazzi
Graphic design by Studio Dispari

Japanese translation rights arranged with
Centauria srl through BOOK ON A TREE.

グレタと立ち上がろう

気候変動の世界を救うための18章

ヴァレンティナ・ジャンネッラ 著

マヌエラ・マラッツィ イラスト

川野太郎 翻訳

岩崎書店

目次

若い人たちに

はじめに

　2019年3月15日、金曜日、香港^{ホンコン}。娘の参加する学校のチャットルームは朝からにぎわっていました。そこに投稿^{とうこう}されたたくさんの写真には、アースカラーの絵に〈#未来のための金曜日（#FridaysForFuture）〉のサイトにあるスローガンを書きつけたボール紙が無数に写っています。この日、世界中で前例のない大規模^{だいきぼ}な学生ストライキが行われていました。呼びかけたのはグレタ・トゥンベリ。16歳の活動家で、2019年のノーベル平和賞候補になっていました。わたしの暮^くらすここ香港も、学生たちのただならぬ反応で目を覚ましました。彼らの両親や祖父母たちも、地下鉄に乗ってデモの集合場所であるセントラル駅に向かうしたくをしていました。

　「ママ、〈気候変動〉ってどういう意味？」8歳のアガタはわたしに尋^{たず}ねました。子どもは尋ねるものです —— 彼らの仕事は、この世界がどんなふうに動いているのかを知ることですから。そしていま、小柄^{こがら}なスウェーデンの少女が長い三つ編みに厳^{きび}しい表情をたたえ、地球の未来にとって重大な問題に向き合うよう、大人と若者たちの両方に呼びかけたとき、こんな幼い子どもの頭も疑問でいっぱいになりました。地球温暖化、温室効果、化^か石燃料^{せきねんりょう} ——それって、どういう意味？　生物の多様性と持続可^{じぞくか}能な開発^{のう}って？　この地球で起こっている変化に詳^{くわ}しいのはだれ？

どの情報が正しい？　わたしにはなにができるだろう？

　最初のデモ行進に向けて、中学生や高校生たちは日々情報を集めました。インターネットで検索し、科学記事を読み、教師に尋ねました。親たちも、クラスで配るわかりやすいまとめを作ろうとする子どもにつめ寄られ、懸命に学ぶことになりました。メディアの断片的な情報に、専門家が専門用語で書いた詳しいデータを結びつけるのは簡単ではありませんでしたが、彼らはそれを実行しました。若者とその親たちは情報交換のためにチャットルームに集まり、まとめと分析と解決策を投稿しました。3月15日、行政長官の執務室がある建物を目指してうたい、行進するころには、生徒たちのほとんどが、通りや窓から様子を眺める大人たちより豊富な知識を持っていました。

　その日、世界中の何百という都市で子どもたちがかかげたプラカードには、わたしたちがいますぐ行動しなくてはならない理由が簡潔に書かれていました――わたしたちに「かわりの惑星はない」のです。あるプラカードは特にわたしの注意をひきました。「わたしの名前はグレタ」。それを持っていたのは、黒い前髪を垂らし、前をしっかり見据えた少女でした。真剣な表情でひとり立っている姿は、グレタと同じものでした。彼女だ

けではありません。デモンストレーションに参加した生徒全員がそうでした。何十年にわたる科学者たちの発言を学び、メッセージを受け取り、もう時間がないと知って路上に出ると決めたすべての人たち——**彼ら・彼女らはみなグレタでした。**

　そこにあったのは単なる連帯意識ではなく、あたらしい世界の見方を生み出したいという願いでした。ひとりの勇敢な少女がひとつの世代の良心を呼び覚まし、形にして、目に見えるようにしました——そうして何千何百という若者たちが、科学と、他者への敬意と、地球のバランスを重んじる、あらたな世界の方針を分かち合ったのです。

　この本では、気候変動を理解するための基礎的な考え方を、科学に基づいてわかりやすく説明しています。情報はもっとも信頼できるものを参照しました。若い人たちはもちろん、彼らの親や祖父母のような、若者たちのせっぱつまった質問に直接答えなくてはならない、すべての人に向けて書かれています。

「気候システムの温暖化には
疑う余地はなく、
また1950年代以降、
観測された変化の多くは
過去数十年から数千年にわたり
前例のないものである。」

「人間による影響が（…）
20世紀半ば以降に観測された
温暖化の支配的な原因であった
可能性がきわめて高い。」

気候変動分析の主要国際組織〈国連気候変動に関する政府間パネル（IPCC）〉の
「第5次評価報告書（AR5）」より。

全世界が認めていること
──気温は上昇している。

世界の平均気温の変化

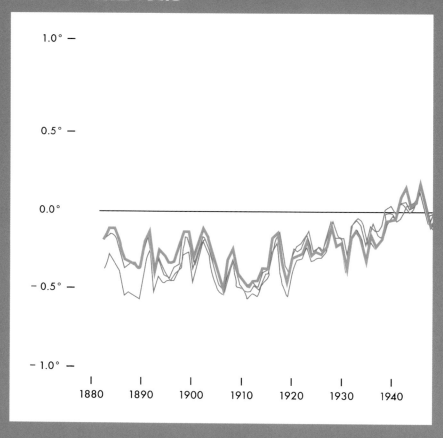

このグラフは、1951年から1980年のあいだの平均気温を基準とし、世界の都市の気温がどれだけ上下したかをあらわしている。すべての結果が急速な温暖化を示しており、最近10年がもっとも高温であることを示唆している。

NASAのオンライン出版物「アース・オブザバトリー」より。

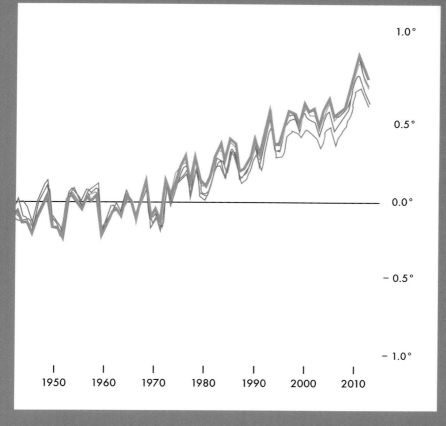

1.0°

0.5°

0.0°

− 0.5°

− 1.0°

| | | | | | | |
1950 1960 1970 1980 1990 2000 2010

NASAのゴダード宇宙科学研究所 　　NOAA国立気候データセンター
バークリー・アース 　　イギリス気象庁ハドレー・センター／気候研究ユニット
日本気象庁

第1章

わたしの名前は
グレタ

恐怖を、未来を救うための
行動に変えよう

　スウェーデンのストックホルム。2018年8月20日、朝食をおえたばかりのグレタは、靴紐を結んで家を出ようとしていました——多くの若者たちがいつもそうするように。しかし、グレタの日常は今日、変わろうとしていました。行き先は学校ではなく、彼女（とわたしたち）の世界は、これまでと違うものになろうとしていました。

　グレタ・トゥンベリは2003年1月3日に生まれました。母のマレナはオペラ歌手（2009年のユーロビジョン・ソング・コンテストのスウェーデン代表）にして作家、父のスヴァンテは俳優です。トゥンベリ家の家系をさかのぼると、もうひとりの著名なスヴァンテが登場します。スヴァンテ・アレニウス、1903年のノーベル化学賞受賞者で、二酸化炭素放出の増加と地球の気温上昇との関連を調査したはじめての科学者です。1960年代に本格的に始まった地球温暖化研究の基礎になったのが、彼の物理化学分野での研究でした。娯楽、文化、科学——グレタのこうした出自を見ると、なんの心配もない、すばらしい未来が約束されているようにも見えます。しかし、そんな物語を妨げるものがありました。

　グレタは好奇心旺盛な子どもでした。8歳のとき、どうしてお母さんとお父さんは電気を消すことや、歯を磨くときに水を止めることや、食べ物を粗末にしないことを厳しくいうのだろう、と思いました。もっとよく知りたくなった彼女は本を読みはじめ、知識を深めました。そして気候変動と、それがこの星の健康におよぼす影響に気づきます。不安になりました——ほかのことを考えて気をそらしたかったかもしれません。でも、彼女には物事を見つめる彼女なりの見方があり、それに気づ

かないふりをすることはできませんでした。「化石燃料を燃やすことがわたしたちの存在そのものを脅かすほど有害だとはっきりわかっているのに、どうしていままでと同じようにふるまっているのだろう？」

一族に受け継がれてきた科学への感受性と両親のサポートによって、グレタは知りうるかぎりのことを学びました。はじめは大変でした——目につくすべてのものを読んだ彼女の頭のなかで、情報が、排水管に詰まる落ち葉のようにあふれました。11歳でうつ病になり、食事をとらなくなり、2か月で10キロやせました。しゃべるのもやめました。両親が病院に連れていくと、彼女はアスペルガー症候群と選択性緘黙の診断を受けます。アスペルガー症候群は軽度の自閉症で、学習や言語の面での障がいはありませんが、ひとつの物事を知ることについよいこだわりを示したり、考えを推し進めるときに社会的な抑制が欠けていたりすることがあります。いっぽう選択性緘黙は、話す相手や内容と深いつながりを感じられないと話ができなくなるというものです。グレタの目が輝き、口から言葉が流れ出すのは、地球の未来についての不安を分かち合えるときだけでした。「自分を、自分の子どもたちを、孫たちを守るために、いまなにをしているの？」これが娘を助ける鍵だと気づいた両親は、彼女にもっと説明するようにたのみ、それをほかの人たちにも伝えるよう促しました。娘の言葉に耳を傾け、母は海外のオペラハウスで公演するために飛行機を使うのをやめ、父は電気自動車を運転し、肉を食べるのをやめました。自分が変化を起こせると知ると、グレタの気持ちはだんだん強くなり、力に満ちてきました。

　「危機を解決するには、それを危機としてあつかわなくてはいけません（…）わたしたちは言い訳を使いはたし、時間も使いはたしています」。8月20日の朝、グレタは学校へ行くかわりにスウェーデンの国会議事堂の外の歩道に座りこみました。その手にはボール紙に短い言葉を書きつけたプラカードがありました——「気候のための学校ストライキ」。2018年の夏のスウェーデンは信じられないほど暑く、最高気温は前例のない摂氏35度を記録しました。山火事が発生し、ヨーロッパじゅうの国々が救援に乗り出して、航空機が大量の消火剤を投下する事態になりました。9月9日に行われる総選挙をひかえ、グレタは「もしだれも行動を起こさないなら、わたしがやる」と決断しました。来る日も来る日も20日間にわたって議事堂の前に座り続けるうち、あらゆる場所から注目されるようになります。はじめにやってきたのはグレタの学校の教員たちでした。座りこみをよくないと思う人もいれば、彼女と一緒に座る人もいました。一般の市民と活動家たちがそれに続き、そこには若い人もそうでない人もいました。それからジャーナリストたちがやってきました。ツイッターとフェイスブックでこの話題がオンラインの世界にシェアされると、数週間のうちに〈＃気候のための学校ストライキ（#SchoolStrikeForClimate）〉のハッシュタグが世界に広がりました。

第2章

わたしたちは
やるよ

＃未来のための金曜日（#FridaysForFuture）

　「希望を探すのではなく、行動してください──そのとき、はじめて、希望は見えてきます」。11月のことです。はじめてスウェーデンの議事堂前にひとりで座りこんだ朝から3か月後、グレタははやくも〈TED×ストックホルム〉のステージに立っていました（TEDは価値のあるアイデアと意見を伝えて広めるための、国際的な発表の場です）。青いスウェットパーカーのファスナーを一番上まであげ、彼女は11分間のスピーチをしました。そこで述べたいくつかのメッセージは、すぐにたくさんの人々によってソーシャルメディアでシェアされました。もっとも重要なメッセージはこれです──連帯しよう。

　「毎週金曜日の朝に外に出て、政府の建物の前に行きましょう。いまはじめるための変化を呼びかけるのです」。子どもは学校にとどまって勉強することで問題を解決すべきだという人々には、こう答えました。「気候変動はすでに解決しているはずなのです。わたしたちには事実と解決策があります。必要なのは、目覚め、変わることです。そしてなぜ将来のために学ぶべきなのでしょう、その将来こそいまにも失われようとしているものなのに？」。はじめてのTEDスピーチのおわりに、グレタは聴衆に呼びかけました。「なにをしても変わらないという人がいます。しかし、ほんの数人の子どもが、ほんの数週間学校に行かないことによって世界中の見出しをかざったのです。わたしたちがやろうと思えば一緒にできるあらゆることを想像してください」。スピーチが9分にさしかかったこのとき、何千何百という生徒たちがこの声を真剣に受け止めました。世界270か国で〈＃未来のための金曜日（#FridaysForFuture）〉の委員会を立ち上げ、連絡を取り合い、資料や情報、スローガンや政府への要望

をシェアしたのです。グレタはこの運動のリーダーとして、さっそく2019年1月25日の世界経済フォーラムに参加しました。スイスのダヴォスに集まった、世界でもっとも有力な人物たちの前に立ち、いっさい物怖じせずにくりかえしました。「パニックになってほしい、わたしが毎日感じている恐怖を感じてほしいのです」。代表者たちは耳を傾け、ノートをとるよう指示する者もいました（当惑の空気もないではありませんでした）。グレタの落ち着きと威厳に説得された国際通貨基金（IMF）専務のクリスティーヌ・ラガルドは、このようにツイートしました。「若い人たちへ──わたしたちが正しく行動するよう促し続けてください」。

　3月15日金曜日に行われた最初の地球規模のストライキでは、メルボルンからサンフランシスコまで世界1700都市の、160万人の生徒たちが路上に出ました。平和でカラフルな抗議の画像が、グレタのフェイスブック、ツイッター、インスタグラムのタイムラインにあらわれました。学校や学校の外に集まった若者たちの多くが、国際連合（国連）が気候変動を調査するために設立した〈国連気候変動に関する政府間パネル（IPCC）〉の最新報告書の概要を読んでいました。その特別報告書は、地球の温暖化を1.5度に抑えれば、もっとも深刻な事態を避けられる**可能性がある**、と説明していました。

　株式相場のアナリストは、市民による環境保護活動が世界市場をゆるがす可能性に、かなり前から気づいていました。2011年、アメリカの9歳の少年ミロ・クレスは、プラスチック製ストローに反対する運動「ビー・ストロー・フリー」をオンラインでスタートさせ、スターバッ

クス社とマクドナルド社に行動を起こさせました。人類による保護動物の消費はここ6年のあいだに急速に減少していますが、これも情報喚起キャンペーンの影響なしには考えられません。グレタがあらためて気づかせてくれたように、「ささやかな仕方でわたしたちにできることは、いつも有効」であり、「それをもし一緒にやれば、大きな成果が得られる」のです。

「責任」という言葉は、この運動の重要なキーワードです。この言葉は、権力を持つ政治家や投資家といった人々だけでなく、市民ひとりひとりにも行動を促しました。全身で状況に関わり、恐れと不安の気持ちを変化を起こすための活動に変えたグレタは、身をもってはっきりとしたメッセージを投げかけていました。つまり〈#ClimateAction（気候行動）〉は〈#MyClimateAction（わたしの気候行動）〉でもあるのだということ。この潮流は、IPCC議長のイ・フェソンが投げかけた問いへの答えでもあります。「気温上昇を1.5度に抑えることは物理的に可能です。テクノロジーと技術はすでにあります。問題は、人々と社会が、これらの対策を行おうという政治家を支持するかどうかです」。

若い人たちの答えは「イエス」、わたしたちはやるよ、というものでした。

第3章

科学

わたしたちの家が燃えている——温室効果

　人々が共有している意識を刺激すると、かならず世論に影響を与えます。気候変動の問題についてより多くのことを知り、いますぐ行動を起こす必要があると人々が気づいたのはいいことです。しかし、ネガティブな影響もまた、ありました。3月15日の金曜日のあと、黄色いレインコートを着たグレタと若者たちが集う路上の画像が世界中の一面記事になったとき、とても多くの人が、これを裏で操っているのはだれだろうと疑ったのです。しかし——グレタの背後に怪しい影などなく、あったのは科学研究の歴史だけでした。

　世界経済は、主に石油、石炭、天然ガスといった化石燃料（地中から採集される、数百万年前に生成された有機物質）に依存しています。これらの物質が燃えるときに放出される化学廃棄物は大気中に残り続けますが、そうした化学廃棄物のひとつ、二酸化炭素とかCO_2と呼ばれるものには、きわめて重要な特徴があります——それは太陽エネルギーの放射を通過させ、同時に地表から放出された熱を閉じこめることで、大気と地表の両方を暖めるのです。この仕組みは、フランスの物理学者で数学者のジョゼフ・フーリエが1824年に発見し、「温室効果」という名前で知られています。さらに1900年代はじめ、グレタの先祖でもあるノーベル賞受賞科学者のスヴァンテ・アレニウスは、大気中の二酸化炭素（以降、CO_2）が増えたときになにが起こるかを計算しました。彼は、地球の表面温度もそれにともなって上昇することを導き出したのです——フーリエが1世紀も前に見出していたとおりに。

　環境問題をめぐる世界最初の主要な会議「国際連合人間環境会議」

が開催されたのは、1972年のストックホルムでした。国連が開いた「環境と開発に関する世界委員会」の報告書のなかで「持続可能な開発」（→詳しくは本書の第6章）という言葉が大きく取り上げられたのは、その15年後の1987年。国連の参加諸国が、地球になにが起こっているのかを知るべきだとあらためて決断した年です。世界気象機関（WMO）と国連はそれからまもない1980年代末に協力し、〈気候変動に関する政府間パネル（IPCC）〉を設立しました。これは、世界の気候を観察・研究し、5年から6年ごとの気候状況を記録していく機関です。彼らの責務は「人類によって引き起こされた気候変動が抱えるリスクの科学的根拠を把握する」ことでした。IPCCの仕事は実際に調査をすることではなく、審査することです。あらゆる不確定要素や見解や可能性を照らし合わせて確認したうえで、知りうるかぎりの事実を記した報告書を提出します。80の先進国と開発途上国から集まった2000人以上の専門家たちが定期的にこの審査を行います。最新の調査では、15万回にいたる査読とコメントがなされました。重要な場面での人間による間違いを避けるための再確認を「ダブルチェック」といいますが、2回どころか、ここでは15万回ものチェックがなされるのです。だからこそIPCCの報告書は、信頼度の高い、権威あるものとして読むことができます。

　グレタは最新の特別報告書「1.5度の地球温暖化」をスピーチで引き合いに出しています。「IPCCによれば、わたしたちはあと12年足らずで（…）きわめて多くの人々にとってなすすべのない大惨事に見舞われます」。もしいまのペースで化石燃料を燃やし続ければ、すでにある放出削減の政策を計算に入れたとしても、地球の気温は今世紀のおわり

までに3度、上昇する可能性があります。科学者たちは、それほどの気温上昇があれば、地球の表面の氷が解けたままの状態が1年間のうちに少なくとも6か月続き、それにともなってさまざまな気候の大変動（海面上昇、干ばつ、無数の動植物の絶滅とパニック）が起こると考えています。

　どうすればグレタのいう「燃えている家」の火を消し止めることができるのでしょう？　IPCCによれば、わたしたちは、地球が産出するCO_2の量と、植物やあらたな技術が取り去ることのできるCO_2の量の差を、2050年までにゼロにする必要があります。CO_2の収支バランスをゼロにすることは、気温の上昇を産業革命以前に記録された温度から1.5度に抑えるために欠かせません——そして、それはまだ不可能ではありません。わたしたちは、CO_2の排出を減らし、国連の策定した持続可能な開発計画にしたがって、科学者の提示した目標に達するよう、政府に働きかけなければなりません。しかしそれ以上に大切なのは、いまこのとき、自分になにができるかを問いかけることです。

　続くいくつかの章では、持続可能な開発についての理解を深めます。そしてあらたなハッシュタグ〈＃わたしの気候行動（#MyClimateAction）〉を導入し、個人で行動するための方法を探ることにしましょう。関心のある人がまだ少ないこと、わたしたちの存在がまだ小さいことは、恐れなくても大丈夫。グレタもそうだったのですから。

第4章

気候変動

気温上昇を1.5度に抑えることが どうして重要なのか?

　海面は2100年までに1メートル上昇する恐れがあります。しかし、若者たちも海のように立ち上がり、気候変動とたたかおうとしています。

　IPCCによる最新の特別報告書を読むと（これはグレタの主な情報源でもあります）、専門家の委員会が伝えようとしていることは複雑に見えるかもしれませんが、その意味は明白です。もしわたしたちがCO_2を現在のペースで大気中に出し続ければ、地球の温度は今世紀末までに、産業革命以前とくらべて少なくとも3度、上昇するというのです。

　3度の気温上昇は、極端な気候変動を起こしかねません。550万キロメー

トル四方のアマゾンの森の半分が消え、世界のいくつかの地域がいまよりさらに高い頻度で熱波に襲われる可能性があります。地域によっては、台風やその他の壊滅的な気候現象に何度も見舞われることになるでしょう——これは東南アジアですでに現実になっています。干ばつや洪水や海面上昇によって、世界中の沿岸地域に暮らす何百万という人々が、島や海岸や河口域から移住することになります。国全体が島の集まりであるモルディブのような場所はいうまでもありません。

　パリ協定は2015年12月に採択されました。2016年のおわりに発効され、195の国が署名しています。その内容は、CO_2の排出を削減するための政策を2020年までに設定し、地球が2100年までに産業革命以前とくらべて2度以上上昇するのを防ぐというもので、上昇の値を1.5度に抑えることがより望ましいとされています。どうしてこの数値なのでしょう？0.5度の温度差にどんな違いがあるのでしょうか？　IPCCは2018年10月、その差がもたらす大きな違いをこう明言しています。**もし地球温暖化を最大1.5度に抑えることができれば、自然と人間のシステムの脆弱性を軽減しうる。**つまり、全体的なダメージが、2度上昇するときとくらべてはるかに小さなものになるということです。2度の上昇を避けられれば、わたしたちは環境によりよく適応することができるでしょう。

天気と気候の違いは？

天気とは、ある時と場所の大気の状態を指します。「今日のロンドンは雨だ」などといいます。気候とは、ある地域の地理を特徴づける気象と環境の全体的な状態のことで、長い期間（短くとも30年間）をかけて定義されます。気候は、たとえば、平均気温や、気温の変化の基本的な範囲などであらわされます。「この都市の気候は温暖である」などといいます。

気候変動とは？

世界気象機関（WMO）によれば、気候変動とは、ある気候の平均的な状態の変化、もしくは（30年かそれ以上の）長期間にわたるその変動性です（極端な事象をのぞく）。地球温暖化や寒冷化もこれにあたります。科学者によると、世界のあらゆる場所でいまわたしたちが目撃している気候変動は地球温暖化という現象であり、温暖化の原因の一部は人類の行動に由来するものです。地球の気温は1700年代末に起こった産業革命以前とくらべてすでに1度上昇しており、2100年までには、その数値は3度から5度に達する恐れがあります——もしわたしたちがただちに、決然と、CO_2の排出に対処しなければ。

気候変動によって、どんなことが起こる？

地球の平均気温と海面が上昇します。ある地域では降水が、またある地域では干ばつが増えるでしょう。動植物の生息環境が変化し、植物、動物、鳥や昆虫が絶滅することも。貧困、飢餓、また国家間の経済格差の深刻化や集団移住などの原因にもなります。

どうすれば気候変動を止められる？

2030年までにCO_2の排出がゼロになるよう行動しなくてはならない、と科学者たちはいっています。つまり、わたしたちはすぐにでも化石燃料の使用を減らし、CO_2の排出量を、森林やCO_2を「捕獲する」技術によって大気から吸収される量と等しくなるまでに抑えなくてはならないのです。

CO_2を減らすために必要なこと

化石燃料の使用を減らすことです。化石燃料の使用を制限する法律はもちろん、再生可能なエネルギーを開発して普及させるための、あらたな技術への（公私にわたる）投資が必要です。世界規模で人々の習慣も変えなければなりません——消費を抑え、エネルギーを節約し、信頼できる、公平に取引された食品を選ぶこと。排出の削減が確実になれば、国連の作った持続可能な開発計画にしたがって協力し、世界の貧困を根絶するよう取り組まなくてはいけません。地球上のすべての社会の幸福と経済の利益は、環境保護に欠かせないものです。

わたしたちに残された時間

排出削減はすぐにでも始められなければいけません——それも着実で、持続的なペースで。その場しのぎの決断では、ゴールに達することはできません。時間をむだにすればするほど、1.5度を超える気温上昇に対抗するのは難しくなります。そうなれば手続きはさらに複雑になり、予算もかさみ、開発途上の国々がより裕福な国々と足並みをそろえられなくなる恐れがあります。

第5章

強者と弱者

レジリエンス（持ちこたえる力）：
気候危機にそなえるために

　台風〈マンクット〉がフィリピンのルソン島を時速250キロメートルの記録的な勢いで襲ったのは、2018年9月14日の金曜日でした。2日後、台風は最終的に香港と中国南部の台山に進路をとります。香港の海は数時間のうちに4メートル上昇し、リゾート地を含めたすべての海岸を飲みこみ、ボートを路上に投げ出しました。風が高層ビルを揺らし、何千本もの木々を根こそぎ倒し、クレーンを横転させました。元英国植民地の気象台は、これを「この都市がいままで経験したなかでも、もっとも強烈で深刻な被害」と評しました。しかし暴風がピークに達して18時間後、はやくも香港の列車と地下鉄は線路に戻り、空港も動きだし、公共施設はすでに点検されていました。民間防衛対策によって大通りは清掃され、24時間後には会社や学校も再開していました。あらゆるメディアがテレビや携帯電話を通じて伝えた情報に注意を払えなかった人のなかにはわずかな負傷者がいましたが、致命傷を負った人はいませんでした。

　一方フィリピンでは、台風がもたらした土砂崩れと洪水による犠牲者と通行止めの報告が、数週間にわたって続きました。その傷は深く、政府は気象学者が台風に名前をつけるために作っているリストからマンクットという名前を削除するよう要請したほどです——忘れるために。

　マンクットはフィリピンで200人以上の死者を出しましたが、中国では6人、香港ではゼロでした。この結果には、気候学者（気候科学者）がレジリエンスとその対義語である脆弱性という言葉で表現するものがよくあらわれています。

　レジリエンスとは、その地域が自然現象の変化や災害に持ちこたえる力のことです。レジリエンスのある場所では、計画を実行に移し、インフラ（道路、鉄道、水道といった、都市の基幹となる部分）を整備し、住民や環境、またその環境の持つさまざまな働きを、気候変動に関連する出来事から守ることができます（その力が弱い場所は、「脆弱」な地域といえます）。気候変動の悪影響とたたかうためには、根本的な原因に取り組む（科学者たちのいう「ミティゲーション（環境緩和）」）だけでなく、危機を乗り越える能力（「アダプテーション（適応策）」）を磨き、地域で自然災害にそなえることが必要です。

　ひとくちに気候変動といっても、それが地球上のすべての場所で同じことをあらわしているわけではありません。科学者たちはいくつかの「ホット・スポット」を指摘しています——すでにもっとも深刻な被害を受けており、これからも受け続けるとされている地域のことです。それには、北極、アマゾン、インドネシアと中央・東アジアの一部、地中海といった場所が含まれます。かねて欧州環境機関（EEA）が強調してきたように、極端に気温が上昇する季節には、北極の氷床が溶けることによる影響は甚大です。

　またアフリカでは、いくつかの国で起こっている紛争だけでなく、森林破壊と気候変動に由来する干ばつと洪水も集団移動の引き金になっており、ヨーロッパ社会の仕組みにも強い緊張を与えています。

国がレジリエンスを確立するために
しなくてはならないこと、整えるべきこと

力を注ぐべきなのは……

1. 急速に襲ってくる甚大な災害（洪水など）や、海面上昇による海岸浸食といった長期にわたるゆるやかな変化などの、気候変動による現象にそなえること。

2. 高いレベルの警戒を保ち、危険の可能性がある現象を予測するシステム。

3. 深刻な気候現象があっても人々が安全に暮らせるための堅固なインフラ。

4. 災害時に価格上昇や供給不安の心配がある化石燃料に頼らない、CO_2の排出を抑えた、再生可能なエネルギー源。

5. 気候変動や災害にそなえ、向き合うための教育活動、調査および技術革新。

第6章

持続可能な開発

わたしたちを救う橋

気候変動の問題の解決方法を、激しく流れる川を流されたり落とされたりせずに渡りきる方法と同じように、単純に考えてみましょう。まずは大幅に水位を下げて水の勢いを弱める。次に石を底にひとつずつ置き、向こう岸へ渡りきるための安全な橋を作る。これで任務完了です。

これを気候変動とたたかうための戦略に当てはめてみましょう（実際の過程はもっと複雑なものですが）。科学者たちによれば、まず優先すべきなのは、CO_2 排出の流れをせき止め、できるだけ早く（できれば2030年までに）放出と吸収のバランスをゼロにすることです。この最初のステップが失敗すれば、ほかの作戦もおのずと失敗です。川岸にいる探検家のように、わたしたちも CO_2 濃度の増加による温室効果に飲みこまれてしまうでしょう。グレタが指摘したように、「わたしたちは化石燃料をもとある場所、つまり地面に残さなければならない」のです。

CO_2 排出の流れが止まったと仮定しましょう。次は石をひとつずつ並べる、橋の建設です。使える石をてきぱきと探し、準備しなくてはいけません。かわりの対策がなければ、化石燃料を長くせき止めておくことはできないのです。この場合の橋が国連の持続可能な開発計画だとすれば、石は計画を実現するためのひとつひとつの行動です——再生可能エネルギー源の完成に注力すること、汚染廃棄物の生産と消費を減らすこと、リサイクルをすること、海洋環境を保全すること、農業と畜産の持続可能な方法を開発すること、食習慣を変えること、貧困と向き合うこと……これらはほんのいくつかの例です。これらの石でできた堅固な

橋を建設することで、世界の国々ははじめて役目を果たすことができます。

　科学はいま、これが前進するための唯一の方法であると、地球上のあらゆる言語を使って訴えています。では次の疑問です。だれがそれに取り組むのでしょう？　だれが流れをせき止めて石を集め、全員を安全に向こう岸に送り届けるのでしょう？　IPCCによれば「国際協力は必須であり、産業と市民社会、科学研究機関の連帯も欠かせ」ません。具体的に見てみましょう。

　国際協力は計画のリーダーで、これなしにはなにも起こりません。それぞれの国が支えあい、共通の目標を達成する道を探すことが大切です。先進国は、開発途上国の仲間がCO_2の排出量を削減しても経済成長から取り残されないよう、援助しなければなりません。そうしなければ、その国のなかだけでなく、世界の均衡にもあらたな問題が起こるでしょう。金融と研究の世界は、公私を問わず、一国や個人投資家ではなく国際社会全体にとっての利益を考える必要があります。ともに取り組むことによってのみ、わたしたちは激流をせき止め、橋を建設することができるのです。

　市民社会とは、わたしたちのことです。わたしたちは病を抱えた世界の市民です。この世界には、向こう岸へ逃れる方法を探そうと考え始めるのを今日まで先延ばしにしていた人々がいます。しかし一方では、幸いなことにたくさんの若者たちが、グレタの世界への呼びかけに応じて、

声を上げています。このあたらしい世代が、安全に向こう岸にたどり着くために必要なことを日々の生活で実行し、その方法を大人たちに教えれば、それはすばらしいことです。実際に彼らはもう始めています。ハッシュタグ〈＃わたしの気候行動（#MyClimateAction）〉は何千というツイート、インスタグラムの投稿、フェイスブックのストーリーで取り上げられました。その決断やアイデアや計画が、持続可能な開発を推し進めています。

　科学と技術革新と産業もまた、重要な要素です。科学者はつねに方法を探り、信頼できる研究成果と、活路を見出せるポイントを、政府や投資家や市民に示し続けなくてはなりません。産業は、個々人の利害ではなく、この星全体の利益を優先させる必要があります。グレタはこれ以上ないほど明瞭にこの点を強調しています。「わたしたちの生物圏を犠牲にして、わたしの国のような裕福な国々がぜいたくに暮らしています。ひと握りの人々のぜいたくのために、多くが苦しみを負っています（…）わたしたちは公正さに目を向けなければなりません」。

第7章

化石燃料

使い続けられない
エネルギー

　これが殺人ミステリーなら、犯人が最初からわかっているタイプのストーリーです。化石燃料はずっと温室効果と関わりがあり、したがって地球温暖化という気候変動の、第一容疑者です。ほかに怪しい人物を指摘する人はなく、科学には化石燃料の有罪を証明するための半世紀以上分ものデータがあります。大気中のCO_2はいまも増え続けており、それと比例して燃えているのが、石炭、石油、天然ガスといった有機化石化合物なのです。

　1700年代の末、イギリス最初の工場の経営者たちは、石炭を燃やしたときの巨大なエネルギーを使って、人間何百人分もの働きをする機械を動かせることを発見しました。産業革命の始まりです。当時のロンドンをあつかった小説や映画のセットを知っていれば、その時代の濃霧がどうして「ロンドン名物」とか「エンドウ豆のスープ」などと呼ばれていたかもわかるでしょう——そのスモッグの濃さは、目の前にかざした自分の手も見えないほどなのです（エンドウ豆のスープはとても濃いのです！）。そのとき燃やされた大量の石炭の影響は、すぐにあらわれました。これら先駆的なイギリスの工場を取り囲む空気が濃い灰色になっただけでなく、ロンドンのバッキンガム宮殿の壮麗な壁までも、燃焼にともなってCO_2とともに排出される粒子で汚れました。いわゆる粒子状物質とか、超微粒子と呼ばれているものです。似たような現象が、世紀をまたいで観察されています。それは第二次世界大戦後からいままでの、石油および天然ガスの燃焼によるものです。

　わたしたちは化石燃料を、現在それを原動力としているものや原料

となっている製造物との結びつきで想像しがちです。たとえば飛行機や自動車、プラスチックのような合成物、火力発電などです。しかし、その原料はほんらい有機物——つまり植物や動物——の積み重なったものであり、地球の地殻の下で分解され、圧縮され加熱されて、長い時間をかけて形成された自然の産物なのです。

　石油・石炭・天然ガスが合わさって、世界のエネルギーの約85パーセントを担っています。これらが燃焼するとき、温室効果の主な要因であるCO_2が空気中に排出されます。わたしたちが毎年発生させているCO_2の量は約215億トン。森林（大昔からある、CO_2を分散させる天然のシステムです）が吸収できるのは、そのわずか約半分です。つまり、わたしたちは12か月ごとに107億5000万トンのCO_2を空気中に溜めており、それがきわめて着実に、地球に熱を閉じこめているのです。化石燃料の放出をいそいで止めなければならないのは、このためです。どんな科学者も認めるでしょう——グレタがいうように、人々はこれ以上くりかえしいい聞かせられる前に、すぐにでも「緊急ブレーキ」を作動させなければならないのです。

　課題は単純なように見えますが、そうでもありません。人間の行動を思い浮かべてみてください。輸送、建設、道路、病院、農業、漁業、食糧の保存、工業（エネルギーの産出からみなさんが乗る自転車をつくる工場まで）、飲み水のくみ上げや、その水をパイプで家まで運ぶこと、廃棄物の処理など——社会を成り立たせる活動はすべて、エネルギーなしには行えません。わたしたちを脅かしているのは、わたしたちの暮ら

しそのものなのです。

　どうすればそこから逃げられるのでしょう？　交渉のタイミングはすでに過ぎています。確固たる行動が必要であり、それはわたしたちの政治指導者たちによって先導されなくてはなりません。わたしたちは、国を超えて組織された介入をつうじて、再生不可能な資源から得られるエネルギー（化石燃料）と、再生可能エネルギーおよび近年研究が進むあらたな（大気中にCO_2を排出しない）エネルギー源との割合を、逆転させることができます。核エネルギーが――これもやはり再生不可能なのですが――化石燃料の「緊急ブレーキ」に役立つかどうかは、科学者のあいだで意見が分かれています。その使用にいくつもの安全上の心配があるからです。

　中国はいまなおCO_2の排出量において世界の先頭に立っていますが、すでにかなりの成果を上げています。あらたなエネルギー資源への投資と、CO_2削減に関する厳密な国家政策の結果、ＰＭ2.5（化石燃料が燃える際、CO_2とともに放出される微粒子）の排出を2013年から2016年のあいだに30パーセント削減したのです。パリ協定で定められた目標を、項目によっては締め切りより前に達成した最大の国家ということになります。それとは対照的に、世界で2番目に大きなCO_2排出国であるアメリカ合衆国（その全人口は地球全体のわずか5パーセントですが、世界のCO_2排出量の15パーセントを生み出しています）は、2017年に協定からの離脱を表明しました。

第8章

クリーンで、再生可能な
エネルギー

惑星の未来を救う
スーパーヒーローたち

化石燃料（かせきねんりょう）から脱（だっ）したとしましょう。次はなにをするべきでしょうか？どうすればわたしたちは生活を続け、繁栄（はんえい）し、生き延びて、経済を成長させなければならない人々を助けることができるのでしょう？　幸い、利用できるエネルギー資源は化石燃料だけではありません。わたしたちには太陽が、風が、水が、そして地下から昇（のぼ）ってくる熱があります。クリーンで、再生可能なエネルギーの資源があるのです。

IPCCによれば、再生可能エネルギーは2050年までに世界のエネルギー需要の70〜85パーセントを賄（まかな）うこともできるはずですが、現在の割合

はわずか23パーセントにとどまっています。6000を超える科学研究が、その数値をもっと高めることができるといっています。異なる種類のエネルギー源と解決策の組み合わせがあり、シナリオもさまざまですが（未来を予測するのは簡単とはいえません！）、ひとつのことについては意見が一致しています。再生可能エネルギーが発展すればするほど世界の状況は改善し、信頼できるエネルギー資源がなく不安定な状況に置かれているもっとも貧しい国々への援助も進むのです。スマートフォンがあたりまえにある環境にいると、そんな場所があるのは信じられないかもしれません。しかし、世界で14億の人々が、いまなお電力のない状態でいるのです。洗濯や料理、読書や地下からの飲み水のくみ上げといった日課を電気の力なしで行うのを想像してみてください。

　従来の発電所は大量のエネルギーを生産しますが、高額で、しばしば大都市の近くに建設されます。再生可能エネルギーに関連したあらたな技術があれば、CO_2排出に対処できるだけでなく、都市部から離れた地方や国土全体が、安全で独立したエネルギーを使う力を高めることができます。そのためには、ますます軽量化して効果と効率を上げている技術を、もっと研究する必要があります。こうした分野に力を注ぐことは、空気の質を改善するだけでなく、持続可能な開発を促進させます。科学は昔からある再生可能エネルギーに加え、あたらしい、排気ゼロのエネルギー資源を探求し、大きな成果を上げています。そのなかでももっとも有望で、環境にやさしい技術のなかには、水電解（水中に電流を流し、水を酸素と水素ガスに分解する技術）などがあります。

主なクリーンで再生可能なエネルギー資源

地熱エネルギー。地球の奥深くから出た熱から抽 出されます。基本的にはなにかを温めたり冷ましたりするために使われますが、電気を発生させることもできます。最初の地熱発電機は1904年7月にイタリアのラルデレッロで試用されました。現在ではカリフォルニアが、このエネルギーの開発に取り組むリーダー都市のひとつです。こんにち必要な電力の15パーセント以上を地熱発電から引き出している国に、アイスランド、コスタリカ、フィリピン、エルサルバドル、ケニア、ニュージーランドなどがあります。

水力エネルギー。水が流れたり、高いところから落下したりするときの動きを使って発生させるエネルギーです。河川から集めたり、水を2つの異なるレベルで貯蓄できるダムから発生させたりすることができます。現在では主に電気を発生させるのに使われていますが、かつては機械的な作業も担っていました（水車場のような場所では、水力で小麦を挽いて小麦粉にしていました）。北アメリカでは、ナイアガラの滝を利用した水力発電が1881年に始まり、ナイアガラフォールズという町が早くから栄えました。水力発電エネルギーは再生可能エネルギーの主要な資源であり（70パーセント）、すでに世界全体のエネルギー需要の17パーセントを担っています。

ソーラーエネルギー。太陽光が光起電性の装置（たいていは家屋や工場の屋根、また広い敷地にそなえつける、パネルの形をしています）によって集められ、

電気に変換されます。ソーラーエネルギーには大きな可能性があります。装置は設置が簡単で、敷地は広くなくてもよく、人里離れた地域にも社会的・経済的な利益をもたらすことができます。しかしまだひとつ、蓄電の問題は残っています。ヨーロッパからアジアまで、世界中の科学者たちが、生活に必要な電力を一定の量保存するための効果的な方法を探しています。光起電性ソーラーパネルは1878年のパリではじめて展示されましたが、成果はかんばしくありませんでした。当時は石炭のほうが好まれたのです。

風力エネルギー。空気による運動エネルギー（物体が動くことで生まれるエネルギー）は、巨大なタービンを使うことで電気になります。空気の流れをとらえるウィンドファームは陸地や海の真ん中に建設されます。この技術ではCO_2は出ませんが、ソーラーパワーシステムと同様、天候の変化に対応できないので、長期にわたってエネルギーを貯蓄するための技術の改良が欠かせません。風力は現在、世界で使われている電力の4.4パーセントを担っており、最大の可能性をもったエネルギー源として注目されています。

海洋エネルギー。風と同様、海流の運動エネルギーもまた、タービンによってとらえられて電気に変換されます。海洋エネルギーにはほかにも、波の動きや、水の化学成分の差異を通じて抽出されるものもあります。この分野の研究の多くが、いまだ完成に向けて進行中です。この技術にもCO_2の排出はありませんが、海洋生物への有害な影響が心配されています。

第９章

飲み水

20億人を救うテクノロジー

　飲料水はあらたな石油なのか？　このような問いが「フィナンシャル・タイムズ」紙や、主要な国際銀行の長期投資の管理人、そして法律の制定者たちから、さまざまな形で投げかけられてきました。国際企業は過去何十年にもわたってこの貴重な液体の供給源を買ってきました。あのブッシュ元大統領の子孫たちも、グアラニ帯水層（パラグアイ・ブラジル・ウルグアイ・アルゼンチンの土壌の下にある世界最大級の地層で、地下を水が流れています）を使う権利を買うために、小切手を切ってきました。世界市場はつねにこのような大金がつぎこまれるところに注目しており、その資源をどんどん求めるようになっていきます。問題なのは、それを求める理由が「渇き」であるということです。

　水は地球の表面の70パーセントを覆っています（わたしたちの身体が含む水分と同じ割合です）。そのうちで飲むことができる部分はほんのわずかですが、それでも理論的には全員にいきわたるのに充分な量があります。しかし、それをはばむ2つの大きな問題があります。ひとつは水資源を利用するためのインフラを整えられない政府、もうひとつは気候変動です。国際協力の結果、飲料水を利用することができる人口の割合は、1990年から2005年までの15年で70パーセントから90パーセントに増加しました。しかし世界保健機関（WHO）の報告によれば、いまなお世界で20億人以上の人々が、飲み水の確保に困難を抱えています。この信じがたいほど高い数字のうち2億6300人もの人たちが（そのほとんどが女性と子どもです）、家から一番近い水源に行くために毎日数時間をかけて歩いています。そうした状態は人命を奪うだけでなく（5歳以下の子どもたちが年間36万1000人、汚染水を飲んだことが原因

の疾患で亡くなっています）、社会や経済にも影響を与えます。女性や子どもたちは泉まで歩いて家族の生存を支えることに1日の大半を費やし、その時間は学習や仕事に使うことができません。飲み水の欠乏は、持続可能な開発計画のキーポイントのひとつです。これが解決する兆しがあれば、教育、生活環境の改善、女性の自由、安全保障、貧困とのたたかいといった、その他の根深い問題もそれに続くでしょう。

　IPCCによれば、気候変動はすでに世界の水資源の利用に影響を与えており、それは飲料水の量と質も変えつつあります。永久氷河が溶け、惑星の主要な地域の地下水のバランス（水文地質学的な平衡）が崩れると、周辺の地域にも重大な結果をもたらします。雨が降る期間の長さと降水量のどちらにも変化が起こっており、比較的安定した地域にも乾季が訪れ、急な洪水が襲っています。厳しい社会的、経済的状況のために不安定さを抱えているその他の地域では、現在、慢性的な水不足のなかで生き延びるのに外からの援助にたよっています。気候変動に加え、援助をほとんど受けられていない貧しい国は、渇きと病に見舞われています。正しく水の管理がなされなければ、それまで使えた水源までもが汚染され、使えなくなったり、有害になったりします。適切な監視と、厳密なコントロールと、透明な投資が欠かせません。国連は、2030年までにすべての人が安全な水を飲めるようにするための目標を定めており、アフリカや中央アジア、南アジア、東南アジアといった地域を中心に活動しています。

　これまで見てきたように、科学とクリーンエネルギーの開発はすでに

進行している気候変動の影響をやわらげ、CO_2排気量の削減を後押ししますが、それだけではありません。人々が気候の変化に対処し、いますぐよりよい生活を営むのを助けることもできるのです。映画化もされた『風をつかまえた少年』という美しい物語では、十代の少年ウィリアム・カムクワンバが、交互に襲ってくる洪水（その原因の一部は苛烈な森林伐採です）と干ばつによる飢饉から、マラウイの自分たちの村を守る様子が詳しく語られています。彼は父親の自転車と発電機、それに古い車のバッテリーで小さな風車を作り、それを使って地下水をくみ上げ、一部の畑に灌漑し、電気を発生させました。多くの人々が村を立ち去っていましたが、残された20人ほどの人々が食べるのに充分な作物を、こうして育てたのです。彼の物語はTEDトーク（グレタも参加したプログラムです）を通じてすぐに広まり、ウィリアムはアメリカ合衆国で環境工学を学ぶことになりました。現在ではアフリカの村々で太陽光と風力の小さな発電装置をつくり、故郷の水不足を解消しようと計画しています。「タイム」誌は、世界でもっとも影響力のある若者のリスト「30歳以下の30人」のなかに彼の名前を挙げました。

第10章

廃棄とリサイクル

わたしたちの出すゴミが
この星の気温を上げている

　「あなたたちは、自分の子どもをほかのなによりも愛しているといいながら、その子どもたちの目の前で、彼らの未来を奪っています」とグレタは世界のリーダー（と、すべての大人たち）に気づかせましたが、数字がその発言を裏づけています。2016年10月に提出されたユニセフ（国連児童基金）のレポートによると、世界で7人にひとりの子どもが、細かい埃、ダイオキシン、二酸化硫黄などで汚染された有毒な空気を吸っています。「世界の共同体がさらされる汚染物質は、できるだけ早く最小限にしなくてはなりません」と、2017年までユニセフの事務局長をつとめたアンソニー・レイクは語っています。ゴミを処理すると有毒なガスが発生したり、さらに多くの化石燃料が使われたりします。これは緊急事態です。この事態が気候変動とどのように関わっているのか、詳しく見てみましょう。

　「廃棄物処理」という言葉は気候変動についての報告書にたびたび登場しますが、その関係はひと目ではっきりとはわかりません。しかしすこし考えてみましょう。わたしたちが使い捨てているものには、たくさんのエネルギーが使われています。飲料を入れる缶を作るには、アルミニウムをオーストラリアの鉱山などから採掘しなければなりませんし、それを缶の形にするにも加工が必要です。そうして缶ができたら、飲料を詰める工場に輸送しなくてはなりません。飛行機や船で、何千マイルも離れた場所に運ぶのです。それがみなさんの近所のスーパーマーケットやバーに届けられるまでには、さらに多くの燃料が使われるでしょう。その缶を使うことで、わたしたちは大気中のCO_2の濃度を上げています。製造と輸送に使われたエネルギーの分だけ、気候変動は進むのです。

　使われるエネルギーの量。これが重要です。どうすればわたしたちは、次に飲む缶を作るのに必要なエネルギーを減らせるのでしょう？ IPCCによれば、製品の一次生産（木を伐採して紙を製造するなど、天然の材料から直接なにかを作ること）は、二次生産（リサイクルされた物質でなにかを作ること）の4倍から5倍のエネルギーを必要とします。原料の採集コストがきわめて高いアルミニウムの場合、原料を採掘してから製品を作るときに必要なエネルギー量は、同じものをリサイクルして作る場合の40倍にもなります。

　したがってリサイクルは、気候変動の影響に対応するための、もっとも重要な手段のひとつです（もちろん、全体の消費を抑えることがいちばん有効であるのに変わりはありませんが）。資源をリサイクルせずに消費すればするほど、さらなる製品の原料を調達し、生産し、世界の市場に輸送したりするために、大量のエネルギーが使われます（きれいに梱包するためのエネルギーも忘れずに）。また、それらが分別やリサイクルをされずに捨てられると、大気中や水中に大量のガスを放出します。こうしたガスのなかには、有機廃棄物が腐敗する際に発生するメタンなどもあり、CO_2以上の温室効果を発揮します。廃棄物が水中に排出するこうした有毒物質には、対策が必要です。

　世界中で大量消費が起こっています。先進国ではひとりあたりの消費が増え、開発途上国では集団によるきわめて大規模な消費が起こっています。住宅が次々と郊外に建設され、みるみる人口が増えており、大

量の廃棄物が生み出されているのです。中国やインドなどの大きな新興国が適切な技術でこの緊急事態に取り組む一方、ほかの国々はそれに取り残されています。広い地域が、製品の生産と廃棄処分によって生じる大量の有害物質から被害を受けており、その影響がもっとも深刻なのは、アフリカ、南アジア、東南アジアといった地域の国々です。

第11章

プラスチック

見えない殺し屋を止める

　ストロー、綿棒、刃物、皿、グラス、そして風船についている棒まで――これらの使い捨てプラスチック製品（海岸で見つかるゴミの70パーセント以上を占めています）の使用は、2021年から欧州連合諸国で禁止されることになっています。2029年までには、プラスチックボトルの90パーセントが、ガラス瓶に対してすでに行われているのと同じようなデポジット制度を通じて製造者に返却される予定です。ヨーロッパは、海洋システム（つまり惑星全体）の主要な汚染物質であるプラスチックの削減に向けて行動を始めているのです。

　このきわめて加工しやすい物質はいまから70年前に発明され、世界中の人々の生活をがらりと変えました。食品の梱包（食料を、衛生的で安定した状態で船便に載せられるようになりました）から、だれもが使う輸送機関の仕組みまで、社会の成熟に欠かせないアイテムをより簡単に作れるようになったのです。プラスチックと石油は（プラスチックの原料は石油です）西欧諸国の工業生産の可能性を拓き、その経済圏の発展を助けました。いまでは毎年800万トンのプラスチックが海に散っており、陸の廃棄物は世界中の――なかでもアジアとアフリカの――大河を通って海へ流れ出しています。

　海で見つかるゴミの大部分がプラスチックです。座礁したクジラの胃に大量のゴミがつまっている映像や、カメが食べ物と思ってビニール袋を追いかける映像、鳥がカラフルに輝く生き物と勘違いして食べさせ、子どもの早すぎる死という思いがけない結末を迎える映像を、見たことがあるでしょう。ゴミの散った海岸にはソーシャルメディア

運動〈＃クリーンザビーチ（#Cleanthebeach）〉の呼びかけで若者たちが集まるいっぽう、カリフォルニアとハワイのあいだの潮流に生じる渦には主にプラスチックでできた巨大なゴミの島が発生し、フランス国土の3倍の大きさになっています。しかもそれは氷山の一角にすぎません。

　肉眼で見えるプラスチックの破片をすべて取り除いたとしても、もっとも危険な部分は汚染物質として残ります。プラスチックは太陽光で分解されず、小さな粒子に断片化します。科学者がマイクロプラスチックとかナノプラスチックと呼ぶものです。人類がこのような極小のプラスチックを製造し、化粧品などに配合することもあります。ほとんど目に見えない破片は流れる水に混じって、下水道設備に直接流れこみます。最終的にろ過装置が確保するのは90パーセント。残りの10パーセントは環境汚染を引き起こすだけでなく、化学的な汚染物質や細菌性の汚染物質、重金属といった物質を引き寄せます。それらがいちど食物連鎖に取りこまれると（そのようなプラスチックはプランクトンと同じくらいのサイズです）、海洋生物にも、つまり人類にも、深刻な健康問題を引き起こします。

　幸い、近年に通過した法案だけでなく、わたしたちひとりひとりにもまたプラスチック消費を減らす力があります。リサイクルという方法はもちろんですが、できるだけプラスチックを使わないことがなにより大切です。たとえば、自分の暮らす地域の飲み水の質を知り、ろ過することで（さまざまな種類のフィルターがあります）蛇口から出

た水を飲み、ペットボトルの消費を減らすことができます。プラスチックを使わない製品を選んで買い、生分解性の（微生物が分解できる）原料でできたものを使うのもいいでしょう。ぜひ、世界中にあるたくさんの「ゼロ・パッケージ」の店で買い物をし、包装されていない商品を買って、梱包材を節約してみてください。

第12章

生物多様性

この世界で、わたしたちは
地球を旅する仲間

　世界経済フォーラムに集った政治家や経済学者の前で、もうひとつの力強い声がグレタの声に加わりました。世界中に響きわたったその声は92歳のサー・デイヴィッド・アッテンボローのものでした。作家で自然史のドキュメンタリー制作者であり、60年にわたって「われわれとともにこの星にすむすばらしい生き物たち」について語ってきた人物です。サー・デイヴィッドが、傷つき、危険にさらされているものとしてずっと注意を促し続けてきたのは、「生物多様性」でした——このユニークな用語は、地球というかけがえのない船に乗っているわたしたちすべての仲間を指しています。

　「わたしは文字通り、異なる時代からやってきました」彼はダヴォスで言いました。「わたしが生まれたのは完新世の時代です。これは、気候が安定したことで人類が定住し、農耕と文明社会を創造した1万2000年の期間をあらわしています。（…）さて、ひとりの人間が、いや、**わたし**が生きているうちに、すべては一変しました。完新世がおわったのです。（…）世界をはげしく変えてしまったために、わたしたちはいまあらたな地質時代にいるのだと、科学者はいいます——人新世——人類の時代です」。しかしいま、「われわれ人類は協力して、生物多様性を救わねばなりません。これをひとりきりでやれる者はいません。なぜなら、わたしたちがいま生きている独特な仕組みのなかでは、気候変動に立ち向かうための大きな選択に関係のない人はいないからです。いまわれわれがとる行動にはとほうもない意味があり、これからの数千年に影響するのです」。

　気候変動が生物多様性に与えた影響は、IPCCの「第5次評価報告書（AR5）」に書かれており、そこではこう結ばれています――気候変動によって、今後「陸生の、淡水の、そして海洋の生物のかなりの部分が、増加しつつある絶滅のリスクにさらされるだろう」。陸上の、海の、そして淡水の水流にある地球の生態系を保護することは、あらゆる種の生存にとって不可欠であり、わたしたち人類も例外ではありません。たとえばアマゾンの熱帯雨林は生物多様性の宝庫で、まだ発見も記録もされていない種が無数にありますが、そこは植物というフィルターがCO_2の排出を制御する、代表的な天然の装置でもあります。このまま森林が保護されずに破壊され続けると、かけがえのない生態系は脅かされ、大気中のCO_2を大幅に削減することもできなくなるでしょう――森林によるCO_2削減は、地球温暖化のペースを遅らせるのに欠かせないステップです。

　じっさい、気候変動が生態系に与える影響をもっとも顕著に見出せる地域は、北極、オーストラリアの海岸沿いのグレートバリアリーフ、そしてアマゾンです。生物多様性が失われ、動植物が少なくなった地域の力は弱まります。たとえばマングローブはいま、海面の上昇だけでなく、工業と商業を目的とした沿岸開発によっても生存を脅かされています。この植物は、水面下でみっしりともつれた根に支えられた頑丈な幹で、太平洋や南米、アフリカの海岸を襲う洪水と嵐から人々を守ってきました。それだけではありません。生態系のバランスを保ち、地域の経済活動に欠かせない魚類たちに避難所と食料を与えてきたのも、この植物です。マングローブを失うことは、大気中の酸素はもちろん、

社会にとっての「酸素」であるこれらの資源を失うことにもなるのです。

　氷河の溶解もまた、たくさんの種の居住環境と生存を脅かしています。ホッキョクグマのケースは有名です。固い浮氷を見つけるためにきわめて長い距離を泳がなくてはならないものもいれば、自分や子どもが食べる獲物を狩るのにたいへんな困難を抱えているものもいます。海洋の温度上昇は、サンゴの白化も引き起こします。サンゴ礁はCO_2を取りこんで酸素を放出しますが、サンゴが死に向かい、生命力が失われると、色が失われるのです。気流の気温と降水の変化は、渡り鳥のような、年単位で周期的な行動をする生物にも影響を与えています。

　生物多様性を保護することのなかには、調査・研究も含まれています。知らないものを守ることはできないからです。この分野ではさまざまな研究が行われており、オーストラリアやニュージーランドといった国々が熱心に取り組んでいます。こうした国々は、生物多様性を「国家にとっての重要な付加価値」であると考えており、それぞれの広大な土地に生息するあらゆる種（まだ発見されていない何万もの種を含みます）を調査する共同研究に、多額の投資をしています。サー・デイヴィッド・アッテンボローが願ったように、知ることで、わたしたちは、この新時代をより賢明に生きることができるでしょう。

第13章

じぞくかのう

持続可能な

ちくさん

農業、畜産、漁業

むだを減らし、より多く生産し、
土地を守ることで、世界を養う

　2050年までに93億——現在より20億の増加です——に達しようとしている人口を養うためには、世界の農産業を、効率性と生態系保護の観点から見直さなくてはならない。これが科学者たちの考えです。飢餓とたたかうために、わたしたちは生産量を60パーセント増やし、開発途上国での産出量を2倍にする必要があります。

　国際連合食糧農業機関（FAO）によれば、世界では毎日平均で2370万トンの食糧が生産されています。うち1950万トンが穀物、根菜、塊茎、果物と野菜類、110万トンが肉類。牛乳は21億リットルです。毎日40万トンの魚が海から獲られたり、養殖場で育てられたりしています。950万立方メートルの木材が森林から伐採され、7兆4000億リットルの水が耕作地の灌漑に使われ、30万トンの肥料がその上にまかれています。FAOの統計によれば、1日平均の農産品の総価格は70億アメリカドルにのぼり、この部門だけで、世界の労働人口の3分の1を雇用しています。

　これらの数値は強い印象を与えますが、農業と畜産業と漁業には、数字にはあらわれない重要な役割もあります。非都市部と比較的小さな沿岸地域では、それらが共同体をひとつにまとめ、地域の文化をはぐくんできたのです。地域で昔から口伝えに語られてきた物語には、農産を脅かす干ばつや凶作、洪水や嵐にまつわるエピソードが豊富にあります。話に力がこもるのは、主人公があわや大惨事という事態から村人や船乗りたちを救い出す様子を語るときです。食糧の生産は、物語ることと同じくらい、人類の文化の一部なのです。

　食糧の生産量を倍にしながら排気物質の削減目標を守るためには、なにをすればいいのでしょう？　わたしたちは食事の習慣を変え、フードロスを減らし、食糧生産による環境への影響を最小限にする技術を開発しなくてはなりません。たとえば畑に使う水を節約するためには、変わりやすい風や湿度、日照時間といった情報をもとに、灌漑に必要な水量を正しく計算しなくてはなりません。アメリカでは、広大な農地と農作物を監視して管理するためのドローン装置の使用が着々と許可されつつあります。ドローンが集めたデータは、生産を効率化し、飲み水やエネルギーのむだを減らすために役立てられます。しかし、開発途上国の食料不足を解決するためには、農業と畜産を効率化する（つまり、いま与えられている土地からより多くを生産する）だけでは不十分です。国連の持続可能な開発計画によれば、わたしたちはレジリエントな（耐久力のある）農耕システムを2030年までに開発しなくてはなりません。いいかえれば、気候変動に対処する地域の力を強めるために、もとある生態系を維持する方法を探さなければならない、ということです。なぜなら生態系こそが、土地が気候変動に対処するのを助けるからです。持続可能な農耕は、世界の飢餓をおわらせて地球を救うための、厳しいたたかいの中心なのです。

　FAOは長年、農業、畜産、漁業といった複数の分野で持続可能性を目指す計画を検討してきましたが、その最新報告書が強調するように、いまこそすべての国々と領域が協力して、たがいの持続可能性に向けて行動するべきです。つまりわたしたちは、農業が地域の生態系を破壊するのを防ぐために、国際的な法律を通過させなくてはなりません（た

とえばいま、インドネシアの森林が、パーム油の実の取引によって定期的に破壊されています）。わたしたちは、魚を繁殖させながら、地域の共同体が伝統的な手法と小さなスケールで漁業を続けられるようにしなければなりません（地中海ではすでに行われています）。法律があるからというだけでなく、安全でいきいきとした場所で暮らしたいという市民ひとりひとりのねがいから、土地と海を保全し、汚染を防ぎ、樹木と森林の面倒を見ること。つまり、わたしたちは考えなくてはなりません。なにが個人ではなく、全体にとっての利益になるのかを。

第14章

この星をいやす

食事

果物・野菜・豆類を豊富に、
しかしなにもあきらめずに

　赤身の肉（牛や豚、羊の肉）の生産を大幅に減らさなくてはならないのは、疑問の余地がありません。同じたんぱく質でも、赤身肉が生み出す廃棄物の量と土地使用にかかるコストの平均は、野菜などのほかのたんぱく質の20倍です。農業と畜産を根本的に改善しなければ、地球温暖化をプラス1.5度に抑えるという目標は果たせないとIPCCはいいます。必要なのは、赤身肉を食べる量を減らし、大規模な畜産業によって広大な森林がどんどん伐採されるのを防ぐことです。森林を守ることで、大気中のCO_2を吸収する森林の力も守られます。IPCCによれば、わたしたちはすぐにでも、CO_2排出を増やす食料の生産を減らし、より健康で持続可能な食事に向かうよう、世界に呼びかけなくてはいけません。広くすすめられているのは、季節と地域に応じた食べ物を消費することです。たとえば11月にイチゴを食べたり、オーストラリアの牛乳を北京に船で運んだりするのをやめれば、輸送の際にかかるCO_2の排出量を減らせます。

　この星を救うために、自分たちの好きな食べ物をあきらめることはありません。科学雑誌「ランセット」は、世界で多くの人が食べることによって気候変動をやわらげ、持続可能な開発を助けることができる食事を論文で発表しています。EATランセット委員会の37人の科学者が「惑星の健康食」と呼ぶこの食事は、食生活が原因で亡くなる多くの人（年間約1160万人）の命を救うと同時に、パリ協定が設定した目標を達成する一助になるともいわれています。そこでは、砂糖と赤身肉の消費をできるだけ抑え、同時に、果物、野菜、豆類（大豆、エンドウ豆、レンズ豆その他）、種やナッツ類などの摂取を倍にすることを提案しています。

　「惑星の健康食」によって1日に摂れるカロリーは2500キロカロリーです。すべての食品群からバランスよく選び、平均的な人類に必要な栄養にあわせて計算しています。基本的には、少なくとも皿の半分が葉菜類とそのほかの野菜や果物で満たされ、そこに植物性たんぱく質（主に豆類が栄養源ですが、ナッツ類からも摂ることができます）が加わります。動物性の食品をすべて控えなければならないわけではありません。乳製品や卵や肉も、少量ですが摂取することができます。これらの食事は、たんに適度にバランスの取れたものというだけでなく、食品科学がもっとも健康的な割合であると考える献立とも重なる部分が少なくありません。「惑星の健康食」がすすめる食事はこのとおりです。果物と野菜を1日500グラム（うち野菜が300グラム、果物が200グラム）、乳製品250グラム（ヨーグルト2杯分もしくはコップ1杯の牛乳にあたります）、全粒の穀物230グラム（米、麦やその他の穀物）、豆類75グラム、植物油50グラム（オリーブ油よりなおよし）と、ナッツ類50グラム。赤身肉は1週間に1度、適度な量（約100グラム）を食習慣に取り入れることができ、魚であれば200グラム、鶏も200グラム、卵はふたつ分にあたります。

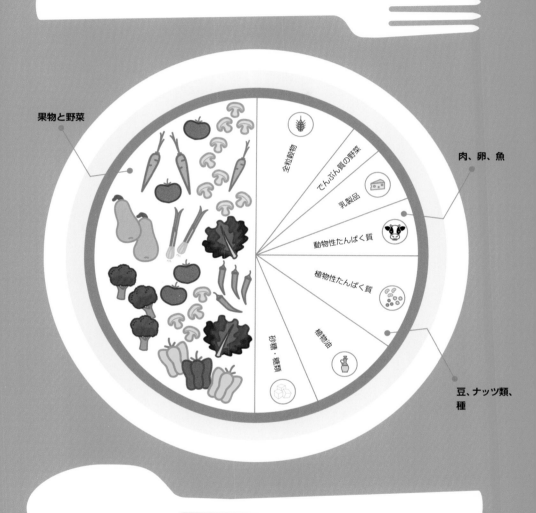

果物と野菜

肉、卵、魚

豆、ナッツ類、種

全粒穀物

でんぷん質の野菜

乳製品

動物性たんぱく質

植物性たんぱく質

植物油

砂糖・糖類

第 15 章

都市で暮^くらす

都市部のための
環境にやさしいアイデア

世界の人口の半分以上が都市に住んでいます。イギリスとアメリカ合衆国では、その割合は80パーセントにのぼります。都市生活を持続可能なものにすることはこの星の未来にとっての重要な挑戦であり、そこにはたくさんの改善の余地があります。

こういうと驚くかもしれませんが、都市での生活が、田園地帯での生活以上に持続的で、よりエコロジカルな（環境にやさしい）ものになる可能性があるのを知っていましたか？　もちろんいまのままでは不十分です。しかし、お互いが近い距離に生活していることが、大きなエネル

ギーの効率化につながり、ひいてはかなりの排気量を削減するかもしれないのです。では、それはどのように実現するのでしょう？　とても単純です——もしわたしが徒歩や、自転車や、再生可能エネルギーで動く公共交通機関を使って出勤すれば、わたしのCO_2排出量はゼロになるでしょう。もしわたしの出すゴミが適切に分類され、整理されてリサイクルされたり、（大都市に建設されているような）効率化された発電所のエネルギーに変換されたりすれば、わたしが原因となる大気汚染と水質汚染は最小限になるでしょう。もしわたしが多くの商店やスーパーマーケットや生鮮市のなかから行きたい店を選べたら、梱包材不使用でフードマイルもゼロの店を選んで、環境への影響を減らそうと考えている販売者をサポートできるでしょう。それとは対照的に、もしさまざまなサービスを提供する中央都市から何マイルも離れた場所に暮らしていたら、わたしは近所で営業している店がどんなところでもそこで満足するか、もっと希望どおりの店に行くために車を走らせ、余分な燃料を使いはたすことになるでしょう。

　都市はエコロジーにとっての重要な開拓地であり、CO_2排出ゼロのバランスを達成させる変化を起こすための、大きな潜在力をはらんでいます。大学の研究者たちは、あたらしい、知的で環境にやさしい都市、「スマートな」都市をつくるために、建築学・工学・化学・デザインの分野をひとつにまとめなければならないと、何十年も前から気づいていました。マサチューセッツ工科大学（MIT）のイタリア人建築家カルロ・ラッティが率いる〈センサブル・シティ・ラボ〉が取り組んでいることのひとつに、スマートフォンからデータを集めて都市のダイナミズムを分析

する、というものがあります。このシステムは、調査に参加したユーザーからのデータを相互に参照することで、市民が好む交通手段や旅行の時期、人気のある旅程といった情報を読み取り、移動をより効率化することができます。同じように、スマートフォンを使って、橋やそのほかのインフラに修理が必要かどうかを把握することもできます。橋を渡るたびに、橋の振動周波数（建物が健全な状態かどうかを判断する目安）を示すデータが送られるようにするのです。主なインフラの状態をつねに把握し、しかもそれを実質ゼロの費用で行うことは、都市の安全性を高め、エネルギー効率よくレジリエンス（気候変動の影響に対抗する力）を強化するのに役立ちます。

　現在のわたしたちは、都市環境の持続可能性を高める方法をたくさん知っています。まずは、再生可能なクリーンエネルギーを拡張すること。太陽光、風力、そして水力発電には、都市を「ゼロ化石燃料消費者」にする力があります。スイスのバーゼルとアメリカ合衆国バーモント州のバーリントンはすでにこの躍進に成功しており（情報元はCDP：カーボン・ディスクロージャー・プロジェクト、これを書いている現時点で世界の620都市を網羅し、エネルギー効率に関する情報を収集しています）、世界には100を超えるそのような大都市圏があります。それらの都市は全エネルギーの少なくとも70パーセントを再生可能エネルギー源から得ています。「スマートな」建物（テクノロジーが進歩し、エネルギーの節約に特化した、効率的で環境にやさしい住宅）はこうした都市で重要な役割を果たしています。公共交通機関や都市のほかの場所との位置関係をもとに周倒にデザインされており、また最新世代の

インターネットのつながりを利用することで、住人に在宅での仕事を促しています。

　また特に意識的な町は、自然もしくは半自然の敷地を作り、環境にやさしいネットワークを強化しています。市街地や河川沿いに木を植え、敷地の少なくとも20パーセントが緑地になっています（20パーセントという割合は、都市中央部の広い部分を占めるセメントとアスファルトから生じる気温の上昇をやわらげるのに欠かせないとされています）。たとえばロンドンは、時間をかけて環境にやさしいネットワークと生物多様性をはぐくむことで、2019年7月に世界で最初の「国立公園都市」になりました。それから、農業を通じた小規模なビジネスができるスペースを都市部に確保することも重要です。共有の土地を開放し、私有地での野菜の水耕栽培をすすめることで、その分の食料のフードマイルをゼロにするのです。

　同じくらい大切なのが、公共交通機関を優先的に通行させ、歩行者エリアを拡大し、自転車の通路を延長することです。サービスと職場が中央部だけに集中しないようネットワークを地域全体に広げて、職場と自宅の距離を最短に抑えます（そのためには自宅で仕事をすることもひとつの手段でしょう）。オーストラリアからブラジルまで、世界中の多くの都市がこうした方向に進みはじめており、その経験と成果をウェブサイトで共有しています。もっとも信頼できるサイトのひとつが「クライメート・アダプト」（Climate-ADAPT）でしょう。欧州委員会と欧州環境機関（EEA）が共同で設立した団体です。

第16章

未来への鍵

よりよい世界に向けたアイデアと調査

　1979年7月1日、ミスター・ソニー（本名は井深 大）は、持ち運べるテープ音源の再生機器「ウォークマン」を売り出しました。当時はだれも予想できませんでしたが、その小さな箱は、音楽を聴く方法だけでなく、無数の若者たちの日々の生活そのものに大きな変化を起こしました。これが発明の力、この場合は、日本の発明の力です！　この国が、再生可能エネルギーの分野においてもっとも興味ぶかい一歩を踏み出す国として期待されるのも、驚くにはあたりません。2020年に開催される東京オリンピックでどのような環境への取り組みがなされるのかに、世界が注目しています。2011年に起こった福島での原子力事故から前進するため、より安全で環境に配慮した代替エネルギーを模索している日本ですが、水素エネルギーをつくる際にはいまも天然ガスなどの原材料を使っています。しかし近い将来には、水を電気分解する新たな技術を発展させ、廃棄物を出さないやり方で水を水素と酸素に分けられる可能性もあります。そのためにはまださまざまな改善が必要ですが、研究者たちは短い開発期間のうちに、経済と環境の両方に利益をもたらそうとしています。

　とはいえ、この星の利益になるアイデアがつねに大きな投資によってなされるとは限りませんし、それは公的なものであろうと私的なものであろうと同じことです。ときには世界中の小規模な企業家の声を聴くことも大切です。彼らはしばしば、独創的な解決策をひらめく若者たちです。たとえばメキシコの工学部の学生スコット・ムンギアは、アボカドの種を再利用した100パーセント天然のプラスチックを発明しました（アボカドはメキシコの特産品のひとつです）。また〈フレイト・ファームズ〉

というボストンの新興企業は、小規模な水耕栽培の農業に使う輸送コンテナを取り扱っています。駐車場のような小さな敷地に置かれたコンテナのなかで育てた食物は、育てた地域で、ゼロ・フードマイルで売ることができます。

　香港の大学もまた、革新的な、環境にやさしいアイデアを支援しています。そのような研究所のひとつを率いる、イタリア、ラヴェンナ出身のフランセスコ・チウッチは、香港科技大学で航空宇宙工学の准教授をつとめています。彼は世界から集まった若い学部生と協力してエネルギー貯蔵にかんする最新の動向を追いながら、バッテリーが環境に与える影響を減らすための研究を続けています。わたしたちは見落としがちですが、たくさんの潜在的な有毒成分（ほんの一例をあげると、リチウム、導線、コバルト、電解質など）が、ラップトップや電話を動かすバッテリーのなかに隠されているのです。

　エネルギーを確保し、必要なぶんを貯蔵できるようにするという難問を解決する必要は、近年ますます高まっています。再生可能エネルギーには、あらゆる領域のエネルギー依存を解消する可能性がありますが（電気自動車は内燃機関をたちまち時代遅れのものにし、CO_2の排出を削減しました）、エネルギーの維持と貯蔵ができるようになれば、もっと効率的に環境への影響を減らせるでしょう。チウッチの研究所は、日本からドイツまで、世界中の公私にわたる研究機関と協力しながら、道路交通産業に大きな変化をもたらすであろうテクノロジー、「個体電池」の改良に取り組んでいます。この装置はセラミック製で、化学電池より

はるかに環境にやさしくコンパクトですが、まだ重すぎます。しかし
それが解決すれば、この電池に対応した電気自動車が5年以内に開発され、
1回の充電で400キロメートル（250マイル）という現在の走行距離を、
ほぼ2倍にまで拡張できるといわれています。実現までにはまだまだや
るべきことがありますが、この変化を達成するための熱気は衰えていま
せん。

第17章

#わたしの
気候行動

わたしたちにできる
小さなことが変化を生みだす

　だれもひとりきりではありません。わたしたちのすることはすべて、それがたとえ小さな身ぶりであっても、変化を生みだします。これは言い回しの問題ではなく、科学的な事実です。社会学の研究によれば、ひとりの人間やひとつのグループが適切に行動すれば、ほかの人々もそれにならう傾向<ruby>傾向<rt>けいこう</rt></ruby>があります。いくつか例をあげましょう。「3人にひとりのアメリカ人が赤身の肉を食べるのをやめた」という一面記事を載<ruby>載<rt>の</rt></ruby>せた新聞をアメリカの食堂のテーブルに置いておくという実験がありました。その日その食堂で、赤身肉の注文は30パーセント減りました。また、ある家がソーラーパネルを設置したとき、近所で「ものまね」が起こった例もあります。そこは短期間のうちに、平均よりはるかに高い割合でソーラーパネルが設置された地域になったのです。こうしたことが起こるのは、他人の行動を見て、自分の行動を決める働きが人間にそなわっているからです。だれかの持続可能<ruby>持続可能<rt>じぞくかのう</rt></ruby>な行動、たとえば食肉を減らすといった行為を見たとき、その利益が負担（ステーキをあきらめなくてはいけない）を上回っていると感じられれば、わたしたちはその行動をまねるようになるでしょう。

　さて、ここに、変化が起きるのを後押<ruby>後押<rt>あとお</rt></ruby>しするための、10の小さな（つまり、大きな！）行動があります。もしほかにやったほうがいいことを思いついたら、書き留<ruby>留<rt>と</rt></ruby>めて、投稿<ruby>投稿<rt>とうこう</rt></ruby>し、シェアして、みんなに知らせてください——ハッシュタグ〈＃わたしの気候行動〉を、この星の気温を下げるために役立てましょう。

115

1. 水道水を飲み、自分のボトルを持ち運ぶ

プラスチックボトルから水を飲むことに良い面はほとんどありません。（特にCO_2排出の観点において）高くつくものですし、大量の廃棄物が発生します。あなたが住む町の水道水の成分を調べてみましょう。それは法律によって管理され、人間が飲めるようになっています。安価で設置も簡単なすぐれたフィルターは、水から塩素などの望ましくない物質を取りのぞき、ミネラルなどの肝心なものはそのまま残してくれます。水筒を買いましょう。アルミニウムかガラス製のもの、もしくは長く使うならば、プラスチック製のものでもかまいません。バーやオフィスや道端で使い捨てペットボトルを買うのを避ける、とてもシンプルな方法です。

2. 水をむだにしない

シャワーの時間を短くし、ほんとうに必要なときだけ流すようにして、節水機能のあるシャワーヘッドを取りつけましょう。なにかの表面や床などを拭くときに、酢などの天然の洗剤を使うのもいいでしょう。少ない水で洗い流すことができますし、有害な物質も出ず、そしてなにより、店で買えるほとんどの化学洗剤とちがって、プラスチックのボトルにも入っていません。

3. 石鹸を見なおす

石鹸を覚えていますか？　まだあるんですよ。手を洗ったりシャワーを浴びたりするのに、ディスペンサーノズルのついたプラスチックボトルは必要ありません。シャンプーも固形のものを買えば、プラスチック廃棄物を減らせます。ちょっとインターネットを見れば、選びきれないほどあるでしょう。

4. 竹を試す

竹は吸水性が弱く、軽くて、衛生的なので、水回りのさまざまな用途に使えます。歯ブラシ、ヘアブラシ、ナイフ、フォークやスプーン類、皿や、子ども用の割れにくいコップなどの製品があります。

5. みんなでプラスチック・フリー（廃棄物ゼロ）の ピクニックに出かけよう

プラスチックのコップや食器は、海を永遠に漂うゴミの筆頭です。ヨーロッパでは、2021年までに違法になります。ピクニックにはバスケットひとつあれば充分で、そのなかに入れる皿や食器は、プラスチック以外のものにしましょう（金属、木、竹など――上記参照のこと）。1日のおわりにはすべて持ち帰ります。荷物がかさばると感じたら、それぞれが自分の分を持ち寄りましょう。

6. 徒歩、自転車、公共輸送機関を使う

CO_2排出を減らす簡単な方法は、自家用車をなるべく使わないことです。電気自動車をシェアする仕組みも（すくなくとも大きな都市には）ありますし、公共輸送機関や、週末限定のレンタカーや、自転車専用道路もあります。あなたの住む地域にそうした選択肢がないときは、行政に働きかけてみましょう。

7. ガラス瓶やセラミックの容器に食料を保存する

おばあちゃんの冷蔵庫のなかを思い出してください。昼食の残り物に皿で蓋をしていませんでしたか？　食べ物を保存するのに間違った方法ではないのですから、活用しましょう！　ラップや、プラスチックの蓋や容器のことは忘れましょう。ガラスとセラミックはすぐれもので、1度使っただけで捨てる必要もありません。

8. こまめに電気とエアコンの電源を消す

節電効果のある電球はあります。しかしそれでも、明かりはできるだけ少なくすべきです。あらゆる場所に同時にはいられないのですから、部屋を出るときは明かりを消すのを忘れずに。エアコンも、本当に必要なときだけ使うことにしましょう。

9. 庭を耕す

あなたの家にある小さな土地が水耕栽培向きでも、もっと古風なものでもかまいません。裏庭やベランダで、なにか野菜を育てませんか？　ゼロ・フードマイルの食事の割合を増やせるすばらしい方法ですし、あなたの町を緑にすることにもなります。ガーデニングは、それに挑戦する人のストレスをやわらげる、すぐれた方法でもあります。

10. リサイクリングセンターを探検する

どの町にもそれぞれの廃棄物を処理する仕組みがあります。しかし、リサイクルがどのように行われているかを理解するのは、宇宙からの暗号を解読するより難しいことがあります。管理者と施設をまわり、わかりやすい情報を教わり、近所の人たちに知らせるのはどうでしょう。「ものまね」の原理を思い出してください。きっとうまくいきます。

第18章

キーワード と ウェブサイト

気候への挑戦を理解するために： 役立つ用語

人為起源：人間の行動によって引き起こされること。

生物多様性：ある地域に生息する生命体の多様さ。

生物圏：すべての生命体のこと。

市民社会：ひとつの国の市民のあいだの、社会的、文化的、経済的な関わりのこと。

気候変動：気候の状態や変化（極端なできごとをのぞく）を平均したときの変動で、長期間（30年以上）続くもの。

サンゴの白化：サンゴ礁が白くなり、生命を失うこと。さまざまな環境の原因があり、海水の平均温度の上昇もそのひとつ。

エコロジー：すべての有機体（動物からひとつの細胞まで）が、ほかの有機体や周囲の環境と関連し合っている様子。

エコシステム：ある地域に生息する生命体の、ほかの生命体や周囲の環境との相互作用。

化石燃料：地下で長い時間をかけて形づくられた有機物質。石油、石炭、天然ガスなどを含む。燃焼するとき、エネルギーとCO_2が発生する。ある研究によると、わたしたちは化石燃料の埋蔵量すべてのうち、ほぼ半分を使いはたしつつある。

#未来のための金曜日（#FridaysForFuture）:

2018年時点で270の国で行われた世界的な学生運動で、世界のリーダーと一般社会に、気候変動への注意を喚起するよう求めた。運動のきっかけは、スウェーデンの若い環境活動家グレタ・トゥンベリによるスピーチ。

地球温暖化：地球の平均気温の上昇のこと。その主な原因は、CO_2の排出に由来する温室効果。

温室効果：CO_2やその他のガス、また水蒸気が、太陽エネルギーの放射を通過させ、同時に地表から発される熱を閉じこめることで、惑星の表面と大気の温度を上昇させること。

国際協力：国家間で行われる協力の形で、経済的、社会的、また環境的な観点から、新興国の脆弱な地域を開発すること。

再生可能エネルギー：太陽光（ソーラーパワー）、風力、水（水力）、地熱などから得られるエネルギー。

レジリエンス：ある国や地域が自然災害や自然現象に対抗する力のこと。

#気候のための学校ストライキ（#SchoolStrikeForClimate）：
世界の学生によるストライキ。学校に登校するかわりに、それぞれの行政の建物の前に、毎週金曜の朝に集まり、気候変動に対するはっきりした行動を求めた。最初の学校ストライキは、2018年8月20日にグレタ・トゥンベリによってはじめられた。

持続可能な開発：すべての人に発展への平等な機会が与えられ、かつ環境に害を与えない形の経済発展のこと。

TED：新たな考えや意見を伝えるための国際的なプラットフォーム。オンライン上（TEDトーク）と、世界中の都市で実際に開かれる会議の両方で行われている。

廃棄物管理：生産から廃棄、リサイクルまで、廃棄物処理のすべての過程を管理すること。

情報に通じていることが大切：
信頼できるウェブサイト

気候変動適応情報プラットフォーム：
> ▶ https://adaptation-platform.nies.go.jp/index.html

気候変動に関する政府間パネル(IPCC)関連情報（環境省）：
> ▶ http://www.env.go.jp/earth/ondanka/ipccinfo/

グレタ・トゥンベリのスピーチ集（英語）：
> ▶ https://www.fridaysforfuture.org/greta-speeches

国立環境研究所：
> ▶ http://www.nies.go.jp/index.html

国際連合広報センター：
> ▶ https://www.unic.or.jp

CDPジャパン（カーボン・ディスクロージャー・プロジェクト）：
> ▶ https://www.cdp.net/ja/japan

政府開発援助　地球規模の課題（外務省）：
> ▶ https://www.mofa.go.jp/mofaj/gaiko/tikyuu_kibo.html

世界経済フォーラム：
> ▶ https://jp.weforum.org

世界保健機関（厚生労働省による概要）：
> ▶ https://www.mhlw.go.jp/stf/seisakunitsuite/bunya/hokabunya/kokusai/who/index.html

WWFジャパン（世界自然保護基金）：
> ▶ https://www.wwf.or.jp

Fridays for Future Tokyo：
> ▶ https://m.facebook.com/fridaysforfuturejapan/

国連気候行動サミット 演説全文

お伝えしたいのは、わたしたちはあなたがたから目を離さないということです。

　すべて間違っています。わたしはここにいるべきではありません。戻るべき学校が海の向こうにあります。それでもなおあなたがたはわたしたち若者のところへ、希望を求めてやってくる。よくそんなことができたものです。みなさんはわたしの夢と子ども時代を空疎な言葉で奪いました。それでも、わたしはまだ運がいいほうです。災害に見舞われている人々がいます。死に瀕している人々がいます。すべての生態系が崩壊しつつあります。わたしたちは大量絶滅のとば口に立っています。それなのにあなたがたが口にするのはお金と、永遠に続く経済成長というおとぎ話だけ。よくそんなことがいえたものです。

　30年以上ものあいだ、科学はきわめて明晰でした。どうしてあなたがたは目を逸らし続け、ここへやってきて「充分にやっている」といえるのですか、必要な政策も解決策もまったく見えていないというのに。

　あなたがたは、わたしたちの声を聞いているといい、緊急性を理解しているといいます。しかしどんなに悲しみ、怒りを感じても、その言葉を信じたくありません。ほんとうにすべての状況を理解して、なお行動を起こさないのだとすれば、あなたがたは悪人だということになるからです。わたしは信じません。

　10年以内に(温室効果ガスの)排出量を半分にするという案はよく知られています。しかしそれをやっても気温上昇を1.5度に抑えられる可能性は50パーセントしかなく、人類には制御できない、後戻りできない連鎖反応が起こる危険があります。

　50パーセントという確率も受け入れられるのでしょう、あなたたちには。しかしこの数字は無視しています──ティッピング・ポイント(小さな変化や動きが積み重なり、環境にとつぜん巨大な変化が起こるポイントのこと)も、多くのフィードバック・ループ(温暖化による現象がさらなる温暖化を引き起こす悪循環のこと)も、有害大気汚染がひそかに引き起こす新たな温暖化も、それに気候の公平性と気候正義の視点も。

この数字は、わたしたちの世代が、あなたたちの発生させた何千億トンものCO_2を大気中から吸収することをあてにしていますが、その技術はまだ存在しません。だから50パーセントというリスクはとうてい受け入れられないのです——わたしたち、その結果とともに生きなければならない者たちは。

　地球温暖化を1.5度以内に抑制（よくせい）する可能性を67パーセントに保（たも）とうとすれば——これはIPCC（気候変動に関する政府間パネル）が提示した最高値です——世界が放出（ほうしゅつ）できるCO_2は2018年1月1日の時点で残り420ギガトンでした。いま、この数字はすでに350ギガトン以下にまで減っています。あなたがたはどうして、いままでと変わらない方法といくつかの技術的な対策があれば、これを解決できるというふりをするのですか。こんにちの排出（はいしゅつ）レベルでは、猶予（ゆうよ）されたCO_2を、8年と半年以内には完全に使いはたしてしまうというのに。

　いま、これらの数値に沿（そ）った解決策や計画が提示されることはないでしょう。この数字はあなたがたにとってあまりにも都合が悪いものだからです。そしてあなたがたは、この現状をありのまま伝えられるほど大人ではありません。

　みなさんはわたしたちを見捨てています。しかし若者たちはその裏切りに気づきはじめています。未来のあらゆる世代の目が、あなたがたに注がれています。それでもわたしたちを見捨てるというのなら、わたしたちはあなたがたを許しません。

　あなたがたに逃げおおせさせはしません。いま、ここで、わたしたちは線を引きます。世界は目覚めています。変化は起こっているのです、あなたがたが好むと好まざるとにかかわらず。

　ありがとうございました。

2019年9月23日

グレタ・トゥンベリ